I0069539

645 $\frac{45}{716}$

LA CONSTITUTIONALITÉ

ET

LA NÉCESSITÉ DU PROJET DE LOI

SUR

LA LIBERTÉ DE LA PRESSE,

ÉTABLIES PAR LE RAPPORT MÊME DE LA COMMISSION.

Par M. CARDONNEL (du Tarn),

MEMBRE DE LA CHAMBRE DES DÉPUTÉS.

———————

PARIS,

De l'Imprimerie de Magimel, rue Christine, n° 2.

1814.

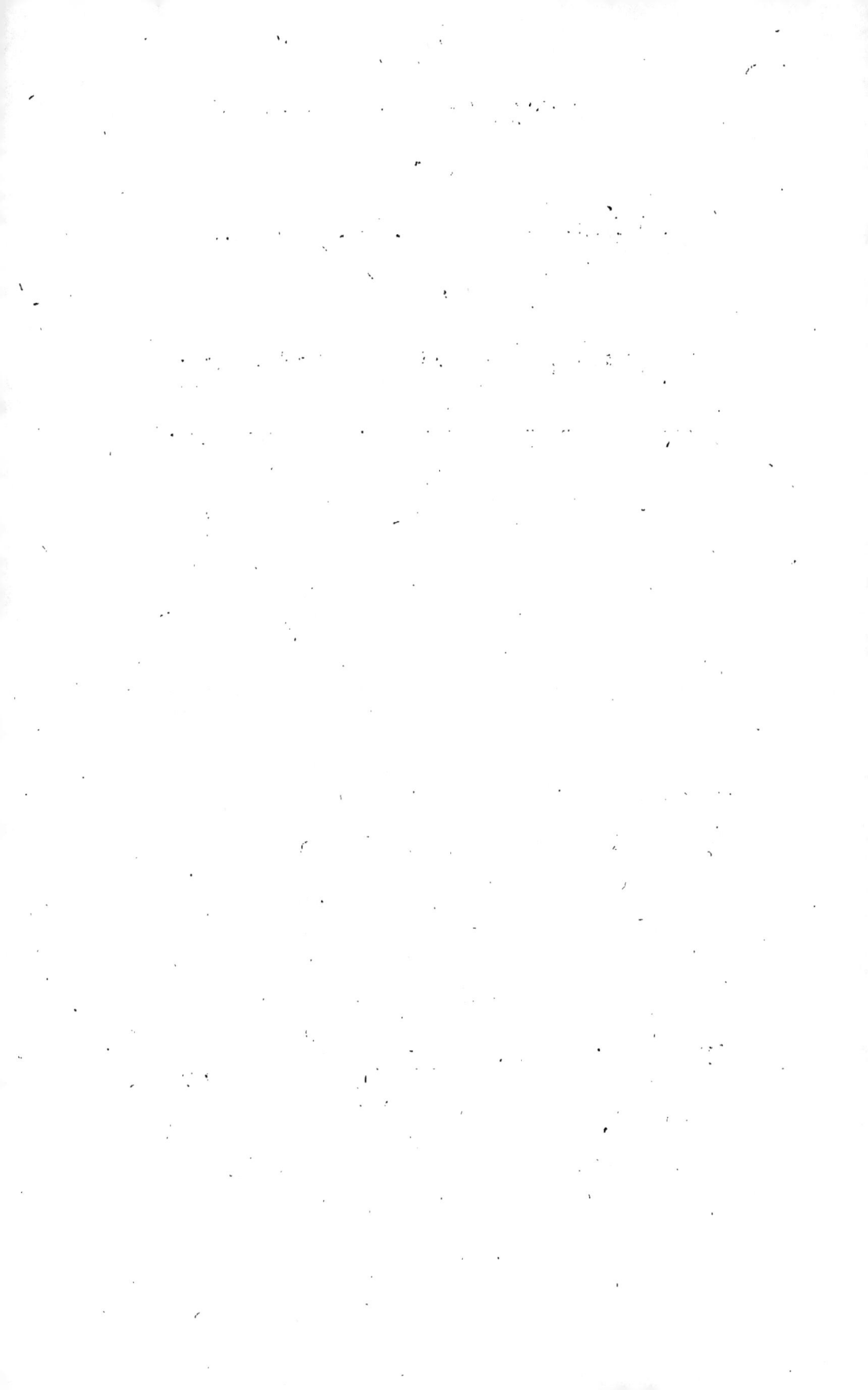

LA CONSTITUTIONALITÉ

ET

LA NÉCESSITÉ DU PROJET DE LOI

SUR

LA LIBERTÉ DE LA PRESSE,

ÉTABLIES PAR LE RAPPORT MÊME DE LA COMMISSION.

————————

. . . .
. . . .
. . . . J'ai cru apercevoir dans le rapport de M. Raynouard un rapprochement inespéré de toutes les opinions qui, jusques-là, nous avoient partagés sur la grande question qui nous occupe.

Si j'ai bien saisi l'esprit de la Chambre, le reproche d'inconstitutionalité fait au projet de loi, est ce qui l'a frappée le plus vivement... ; et il étoit bien naturel qu'un reproche, de cette nature, fît une forte et profonde impression sur des hommes qui ont voué, qui ont juré, qui professent ouvertement un respect sacré et inaltérable pour cette constitution, qu'ils regardent, avec raison, comme l'arche sainte, comme la planche de salut.

Mais il me semble que M. Raynouard, celui

———————————————

* Extrait d'une opinion inédite de M. Cardonnel.

des orateurs qui a le plus fait valoir ce reproche, qui en a fait la principale base de son rapport, et qui le présente comme un motif essentiel de rejet du projet de loi proposé, a pris soin, d'un autre côté, de venger complettement le projet de ce même reproche.

Le rapporteur de la commission a dit qu'il existoit, et a même indiqué *des lois qui assujettiroient l'écrivain à des formalités auxquelles il se conformeroit pour faciliter les moyens de réprimer les abus, de les rendre moins fréquens, moins dangereux et plus faciles à punir.*

Quelles sont les lois qu'il propose à cet effet ? Les voici :

1°. *Que nul écrit ne soit imprimé sans une déclaration préalable de l'imprimeur.*

En ce point, le rapporteur est parfaitement d'accord avec le projet, qui (art. 14) exige absolument la même formalité.

2°. *Que l'ouvrage imprimé contienne le nom de l'auteur ou de l'imprimeur, et même les noms de l'un et de l'autre en certains cas.*

Ici la commission est plus sévère que le projet, lequel n'exige que le nom et la demeure de l'imprimeur seulement, sans demander, dans aucun cas, le nom de l'auteur.

3°. *Que nul auteur ne puisse livrer son ouvrage à des presses clandestines.*

L'art. 13 du projet fait la même prohibition, mais ne l'étend pas à l'auteur.

4°. *Que l'auteur ne puisse s'adresser qu'à un imprimeur breveté par le Roi, et qui auroit fourni le cautionnement exigé.*

L'article 11 du projet demande seulement que les imprimeurs soient brevetés, et ne parle point du cautionnement.

5o. *Que l'auteur et l'imprimeur soient tenus de déclarer le nombre des exemplaires, et d'indiquer le lieu où en sera le dépôt pendant les premiers jours de la publication.*

Le projet ne demande autre chose si ce n'est que l'ouvrage ne puisse être publié qu'autant que le nombre prescrit d'exemplaires aura été déposé, soit au secrétariat de la direction générale de la librairie à Paris, soit au secrétariat de la préfecture, dans les départemens.

Parmi les formalités proposées, vous voyez, Messieurs, qu'il en est plusieurs de communes au projet du Ministre et aux vues de la commission.

Mais vous vous appercevez aussi que le rapporteur demande ici plus de formalités que n'en propose le projet lui-même, et que toutes ces formalités proposées ne sont autre chose que de sages et salutaires précautions contre la liberté illimitée de la presse.

Car les diverses déclarations et désignations préliminaires qu'il exige des auteurs et des imprimeurs; la condition de placer leurs noms en tête des ouvrages, le cautionnement auquel il les soumet, ne sont pas des lois de répression ; elles ne répriment rien, elles ne punissent pas, elles préviennent.

Il est donc impossible de les regarder autrement que comme des lois de *prévention* pour me servir des propres paroles du rapporteur.

Il est vrai que si, malgré ces lois, il venoit à se commettre un délit, ces mêmes lois pourroient faciliter les moyens de l'atteindre et de le punir ; mais parce que ces lois pourroient aider à faire poursuivre et punir le délit, elles ne changeroient point pour cela de nature, et n'en seroient pas moins toujours des lois et des moyens de *prévention*, insuffisans, dans certains cas, pour prévenir entièrement le délit, mais toujours destinés à cet objet.

M. Raynouard propose donc lui-même des moyens de prévenir les abus de la presse, des précautions à prendre contre les dangers trop réels que présente la liberté illimitée, et il est bien évident que les soins préalables qu'il indique, que les mesures qu'il conseille, que les précautions auxquelles il veut qu'on ait recours, que les formalités par lesquelles il entend qu'on soit lié, avant qu'un ouvrage quelconque puisse paroître, ne sont faits que pour arrêter, que pour prévenir le mal, que pour empêcher que l'abus ne s'introduise, et non pour le punir.

On objecte que ces formalités, tout en prévenant le délit, pourront servir à le faire punir plus facilement.... Oui, je le veux avec vous........ Mais des formalités qui peuvent *faciliter la répression*, et auxquelles les auteurs peuvent se conformer comme étant, dites-vous, indiquées par la *restriction* de la charte, ne sont pas, et ne peuvent pas être, des lois répressives ; car, selon vous, les lois répressives sont celles qui punissent l'abus, qui en répriment, qui en arrêtent l'usage ; L'USAGE *d'où l'abus peut et doit naître nécessairement*; or, les lois que vous proposez ne peuvent pas punir l'abus, puisqu'elles sont destinées principalement à l'empêcher de naître. Ce sont donc uniquement des lois de prévention; vous voulez donc des lois de prévention. Vous pensez donc que la charte constitutionnelle s'accommode de quelques lois de prévention; qu'elle permet, qu'elle tolère certaines précautions prréalables. Vous convenez qu'il existe des mesures, des formalités, des conditions préliminaires qui sont indiquées par la restriction de la charte...... Mais nous ne soutenons pas autre chose : nous vous disons que l'article 8 admet des restrictions, qu'il n'est permis de faire imprimer et publier qu'à la charge de se conformer aux lois qui seront faites pour prévenir ou arrêter les abus qui pourroient naître, et vous criez à l'hérésie! Nous vous répétons que la déclaration du Roi, du 2 mai, ne reconnut la liberté de la presse qu'avec les *précautions* nécessaires à la tranquillité publique, et vous ne voulez pas nous entendre. Voilà cependant que, sans nous en douter, nous sommes, à peu près, d'accord.

Vous voulez des précautions, nous en voulons aussi. Vous voulez quelques-unes des formalités que nous vous avons proposées, puisque vous nous les proposez à votre tour, et avec de plus grandes entraves que nous n'osions le desirer. Il est donc certain que les uns et les autres nous voulons que la liberté de la presse soit environnée de certaines entraves qui préviennent le délit. Vous ne pensez point que ces entraves, que ces précautions soient contraires à la charte, puisque vous assurez qu'elles sont indiquées par la restriction de cette charte. Nous n'examinons point, dans ce moment, quelle est cette restriction que la charte comporte ; il nous suffit de savoir et de reconnoître qu'elle en indique, n'importe quelle, pour que la violation reprochée à l'article 8 n'existe pas.

Nous verrons bientôt si les précautions indiquées par le rapporteur valent mieux que celles indiquées par le projet.

Outre les différentes formalités que nous avons dit être communes au rapport de la commission et au projet de loi, il y en a trois, au moins, que le rapporteur nous présente comme indiquées par la restriction de la charte, et que le projet n'avoit point indiquées lui-même. Ces formalités sont : 1°. que tous les imprimeurs et entrepreneurs de feuilles périodiques soient soumis à un cautionnement, et même à un cautionnement considérable ; 2°. que les auteurs soient tenus de remplir différentes conditions que la commission n'exige que des imprimeurs seulement ; 3°. que les auteurs, comme les imprimeurs, soient tenus de déclarer le nombre des exemplaires et d'indiquer le lieu où ils seront en dépôt.

Assurément ces trois formalités que la commission propose, et que le projet n'exige pas,

ne sont point des lois de répression, quoi-
qu'elles puissent tendre à faciliter les moyens
de réprimer. La commission propose donc
autre chose que des mesures véritablement
répressives. Si ces mesures ne sont point répressives, elles ne peuvent être, et ne sont,
en effet, que des mesures de prévention, à
moins que la commission ne veuille convenir
franchement que, même dans son idée, prévenir et réprimer sont synonymes; et sous
ce nouveau rapport, le reproche d'inconstitutionalité, fait au projet de loi, disparoî-
troit encore.

Jusque là, il sembleroit, Messieurs, que la
commission ne fait que substituer aux moyens
de prévention que nous trouvons dans la
censure, d'autres moyens de prévention
qu'elle trouve dans le cautionnement et dans
les autres précautions exigées des auteurs et
des imprimeurs.

Mais le rapporteur pense que ces formalités, qui se concilient avec la liberté consacrée
par la charte, sont d'ailleurs les seules indiquées par la restriction de cette même charte.

Comment prouve-t-il que ces formalités sont
indiquées par la restriction de la charte? Comment prouve-t-il qu'elles sont les seules qui
se concilient avec la liberté que la charte con-
sacre?

Sur ce point, on seroit tenté de penser que
la commission a eu seule le secret de la charte,
et qu'il faut l'en croire sur parole.

Mais la suite du rapport ne pourroit-elle pas
nous donner là dessus quelques éclaircisse-

mens nécessaires, et dissiper l'obscurité qui
l'enveloppe ?

« Vous voyez (dit la commission, après avoir
fait l'énumération des formalités qu'elle a indiquées avec la charte, ou plutôt que la charte
a indiquées d'après le dire de cette même commission) « *vous voyez qu'il est possible de pré-*
» *senter des lois qui assujétiroient l'écrivain à*
» *des formalités auxquelles il se conformerait*
» *pour faciliter les moyens de réprimer les*
» *abus, c'est-à-dire, de les rendre plus faciles*
» *à punir ; et toutes ces formalités s'exécute-*
» *roient sans nuire à l'exercice de la liberté*
» *même, sans subir une censure préalable,*
» *sans se conformer à des lois de prévention.* »

J'avoue, messieurs, que ceci est manifes-
tement au dessus de ma portée, et que l'idée
de la commission est rendue d'une manière
trop profonde, pour que je puisse la com-
prendre, pour qu'elle puisse être saisie par
ma foible intelligence ; je ne conçois pas que
l'écrivain puisse être assujetti à des formalités,
à des précautions auxquelles il devra se conformer pour faciliter les moyens de réprimer
les abus, et que ces précautions et ces formalités qui, au fond, ne peuvent être que des
lois de prévention, s'exécutent sans nuire à
l'exercice de la liberté même, et sans se conformer à des lois de prévention.

Observez, messieurs, que, dans ce passage
du rapport, les lois proposées par la commission *doivent faciliter les moyens de réprimer les*
abus, c'est-à-dire de les rendre moins fréquens,
moins dangereux, plus faciles à punir.

Qu'est-ce donc que réprimer les abus ? c'est, suivant la commission, *les rendre moins fré-quens, moins dangereux, plus faciles à punir.* Mais, rendre des abus plus faciles à punir, ce n'est point les punir en effet ; donc réprimer les abus, ce n'est point les punir ; donc, il y a, suivant le rapporteur, une très-grande différence entre *réprimer* et *punir* un abus ; Donc le mot *réprimer* a, dans le sens même du rapporteur, une toute autre signification que celle qu'il a voulu lui donner ; donc tous les argumens que l'on a tirés de la prétendue synonimie des mots *réprimer* et *punir* tombent nécessairement ; donc la violation que l'on a, d'après cette fausse base, supposée avoir été faite de l'art. 8 de l'acte constitutionnel, est une violation chimérique, qui n'existe point et qui ne peut point exister.

De bonne foi, Messieurs, les mesures in-diquées par le rapporteur, et qu'il prétend être exclusivement indiquées aussi par l'art. 8 de la charte, ne sont que des mesures de pré-vention, des mesures qui ont pour objet essen-tiel, je dirois même pour objet unique, de prévenir les délits. Mais si la constitution in-dique des mesures pour prévenir les délits, la liberté de la presse est dans l'esprit comme dans le texte de l'art. 8 de la charte consti-tutionnelle, subordonnée à ces mêmes me-sures, et il ne peut plus être question, entre nous, que d'examiner franchement si les me-sures de précautions proposées par le ministre ne valent pas mieux que les mesures propo-sées par la commission centrale.

De cette discussion bien sèche, bien aride, et bien abstraite, sur une matière où tant d'autres ont jeté toutes les fleurs de l'éloquence, il résulte, Messieurs, si je ne me trompe, que la liberté de la presse n'est, même aux yeux de ses plus zélés partisans, qu'une liberté qu'il faut environner de précautions et de formalités, et que ceux même qui disent vouloir cette liberté illimitée, cherchent prudemment à lui donner quelques limites.

J'examine actuellement si la censure, telle qu'elle a été proposée par le projet, mérite cette réprobation et cette proscription auxquelles elle a été vouée.

Sur ce point, Messieurs, je n'entrerai pas dans de grands détails, car je me suis promis de ne pas vous fatiguer par des réflexions inutiles. La censure, telle qu'elle nous est présentée, est obligée de se respecter elle-même, elle y est du moins fortement intéressée, puisqu'elle a au-dessus d'elle un tribunal composé de l'élite de la nation française, un tribunal distingué par son indépendance, autant que par ses lumières et son patriotisme, qui exercera sur elle le droit redoutable de censurer à son tour les décisions qu'elle aura prises, les jugemens essentiellement provisoires qu'elle aura rendus.

Les formes protectrices dont on environne la censure sont nécessairement la plus puissante barrière contre ses abus et ses excès, et en feront, j'ose le dire, une espèce de police paternelle.

Avec les entraves salutaires dont elle est

entourée, avec cette responsabilité précieuse
à laquelle on l'a soumise, la censure n'exigera
jamais, il est permis de le prévoir, que ce
que la raison, la justice et l'intérêt de la pa-
trie exigeront d'elle.

La censure, avec un tribunal supérieur qui
juge toutes ses opérations avec une chambre
de députés qui peut faire toutes sortes de pro-
positions à la tribune, et faire imprimer toutes
ses opinions avec le droit de pétition illimité,
accordé à tous les Français auprès de cette
Chambre, la censure ne sauroit être dange-
reuse et redoutable pour la liberté. Elle pro-
duira, du moins, le bon effet d'arrêter ou de
diminuer la circulation des écrits populaires,
les seuls qui, dans ce moment, me paroissent
présenter quelques dangers, les seuls qui
puissent séduire une multitude ignorante et
légère, car ce n'est pas dans les classes élevées
où il existe éducation et lumières que de tels
écrits peuvent faire du mal.

A côté de cette censure, placez, Messieurs,
les formalités, les embarras et les entraves
que la Commission propose de lui substituer, et décidez si, puisqu'il faut nécessairement des formalités qui environnent la liberté de la presse, les précautions indiquées
par le ministre, ne valent pas mieux que les
précautions réclamées par la Commission.

Le Ministre vous propose de prévenir tous
les délits, de manière qu'il n'y ait jamais lieu
à punition, puisqu'on ne trouvera point de
coupables; la Commission vous propose aussi
des moyens de prévenir les délits, mais comme

elle reconnoît d'avance l'insuffisance de ces moyens, elle vous propose d'ajouter, comme triste supplément au moyen de prévention qu'elle vous présente, des peines sévères, et même, dans certains cas, la peine capitale contre les auteurs qui abuseroient d'une manière criminelle de la liberté qui leur seroit accordée ; et quel est celui d'entre vous, Messieurs, qui, dans le fond de son cœur, n'a déjà dit que, lorsqu'il existe des moyens d'arrêter et d'empêcher le mal, il ne faut pas le laisser faire, et qu'il est trop heureux de pouvoir se dispenser de punir, et surtout de punir de la peine capitale ; de rougir encore les échafauds de sang humain pour un écrit dont on auroit pu, paternellement, empêcher la circulation intempestive et nuisible.

Les mesures de prévention, proposées par la Commission centrale, présentent encore de bien graves inconvéniens.

Vous sentez d'abord combien seroit grand, pour un auteur, l'embarras de placer toujours dans tous les cas, et dans toutes les circonstances, son nom à la tête d'un ouvrage, lorsqu'il auroit, si souvent, intérêt que ce nom ne fût point connu, ou, du moins, rendu public, et que cette obligation de désigner son nom seroit d'ailleurs parfaitement inutile, l'imprimeur étant lui-même personnellement responsable ; mais les inconvéniens attachés à un cautionnement considérable, exigé de tous les imprimeurs et de tous les entrepreneurs de journaux, seroient bien plus sensibles et bien plus importans encore ;

car il résulteroit de cette condition onéreuse,
que l'imprimeur honnête, probe et délicat,
mais sans fortune, qui ne pourroit point
fournir le cautionnement, seroit éconduit,
et qu'il seroit défendu à tout écrivain de s'a-
dresser à lui ; tandis que cet écrivain seroit
irrésistiblement forcé de recourir à tel autre
imprimeur dans lequel il n'auroit nulle confiance, mais qui auroit fourni le cautionnement exigé, et qui ne l'auroit fourni, peut-
être, que parce qu'il seroit dépourvu des
bonnes qualités qui caractérisoient le premier.
Ce seroit une liberté d'une étrange nature,
messieurs, que celle qui nous présenteroit
pour premier avantage, celui d'écrire, de
faire publier et imprimer nos écrits, en nous
interdisant de nous adresser à l'imprimeur
qui auroit et mériteroit notre confiance, à
cause de sa probité sans fortune, et nous
forceroit de nous livrer à celui qui en seroit
indigne, à cause de sa fortune sans probité.

Je le demande, Messieurs ; ces sages précautions que le rapporteur nous présente,
avec une foule d'autres, comme des moyens
de prévention qui se concilient parfaitement
avec la liberté consacrée par la charte, valent-
elles bien cette censure si douce et si peu in-
quiétante, qui nous est proposée par le projet
de loi.

J'ai prouvé, je crois, Messieurs, 1°. que
la censure proposée par le projet de loi n'est
pas plus inconstitutionnelle, que les vues et
les moyens de prévention présentés par la
commission centrale ; 2°. que cette censure

présente, au fond, moins de gêne, moins d'entraves, moins d'embarras, et doit nécessairement produire de bien meilleurs effets, que les mesures mixtes de prévention et de répression énoncées dans le rapport.

Je vote pour le projet, avec les amendemens que j'ai proposés dans ma première opinion.

———————

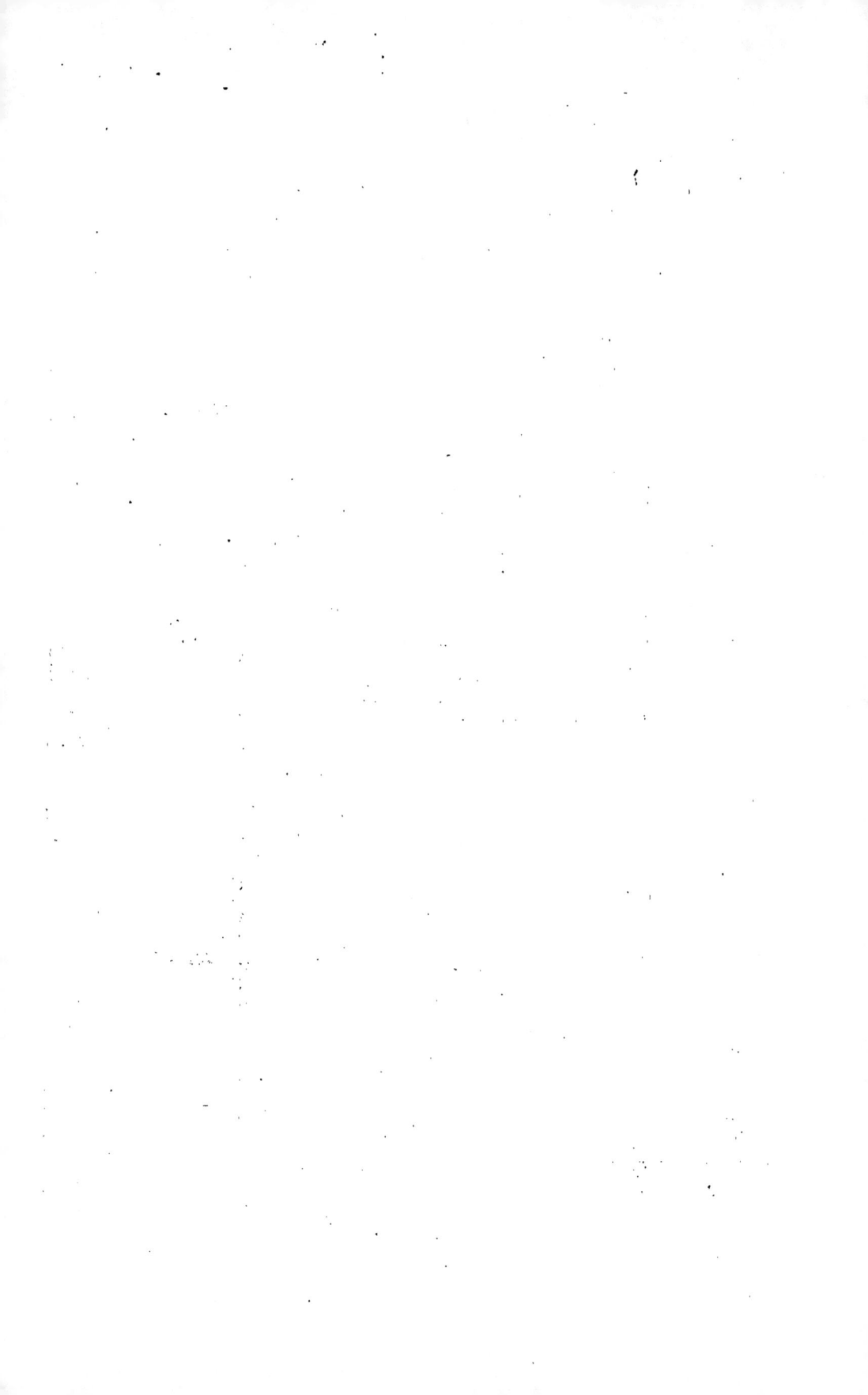

www.ingramcontent.com/pod-product-compliance
Lightning Source LLC
Chambersburg PA
CBHW050433210326
41520CB00019B/5908

*9 7 8 2 0 1 3 5 3 0 8 8 0 *